그대라는 시

장정선 시집

그대라는 시

시인의 말

나에게 그대가 되어준
세상 모든 것들에 감사한다
살갗을 스치는 바람
바람에 흔들리는 꽃
눈이 시리게 파란 하늘
밀려왔다 흩어지는 포말
풀잎에 달린 아침이슬
밤을 비추는 별빛과 달빛
잔잔한 물결 위의 윤슬
하늘장막을 덮는 노을
두 손에 안겨 오는 커피잔의 온도
쓸쓸함을 불러오는 찬비
누군가를 기억나게 하는 첫눈
사랑했던 많은 사람들
아…
내게 시가 되어준 수많은 그대
그대들에게 감사한다

2025년 가을날
시인 장정선 쓰다

| 차례 | 시인의 말

1부. 봄, 꽃으로 피어나는 그대

빗소리	14
먼저 별 먼저 꽃	15
바람이 하는 일	16
박하사탕	17
그네	18
초청	19
벚꽃 아래서	20
연애편지	21
달팽이의 철학	22
윤슬	23
수섬에서	24
봄 안녕 봄	25
어찌할까요?	26
담쟁이와 바보	27
자화상	28
꽃에게서 배운다	29
꽃밭과 아이	30
걷다가	31
그대는	32
사랑	33
언제나 봄	34
봄	35
괜스레	36
그대와 단둘이서	37

2부. 여름, 파도로 일렁이는 그대

채송화 40
밤길 41
한여름 밤에 42
폭염 43
해바라기사랑 44
여름하늘 45
번개 46
그 집 앞 봉숭아 47
노을사랑 48
들꽃연가 49
포말 50
아이스 아메리카노 연인 51
꽃그늘 52
개망초 53
빗방울 54
심쿵 55
항해 56
꿈결 같아서 57
노을연가 58
하루 59
빗소리 2 60
소나기 61
기다림 62
배려 63

3부. 가을, 갈대로 흔들리는 그대

가을마중 66
가을 앞에서 67
가을 발자국 68
사실 69
가을 70
고향서정 71
가을아 72
환상 73
바람은 모른다 74
기억 75
공존 76
나만의 숲 77
기차를 타고 78
사랑은 달처럼 79
사랑은 달처럼 2 80
너도 81
낯설음 82
작별인사 83
사랑해 84
가을단상 85
가을햇살 86
가을풍경 87
밉다 88
높아진 하늘 89
갈대 90
가을하늘 91

4부. 겨울, 첫눈으로 내리는 그대

달에게서 배운다	94
자아	95
비의 투신	96
꽃을 사는 날엔	97
너의 별	98
산	99
섬	100
너란 꽃	101
너란 꽃 2	102
사랑이 그래	103
작은 위로	104
노을에 관하여	105
그대는 왜	106
여백	107
눈길	108
겨울 산	109
겨울아이	110
눈 나리는 날에	111
사모	112
아마도	113
나목	114
텀블러	115
커피잔	116
너	117

5부. 그대, 노을로 물드는 그대

그대 안에서의 자유　120
문을 열어둔 까닭　121
노을을 기다리며　122
사랑이란　123
그대는 내게　124
바람 속에서　125
당신은　126
네 마음　127
기다림　128
행복　129
욕심　130
욕망한다　131
그대 안에서라면　132
집시의 사랑　133
이유　134
바보 같은 말　135
노을이고 싶어요　136
그대라는 시　137
때론 영화처럼　138
혼자 피는 꽃　139
윤슬 반짝이던 날　140
화려한 기도　141

1부.
봄, 꽃으로 피어나는 그대

빗소리

도란도란
빗소리 좋다
올해는 봄이
도란도란 오려나?

먼저 별 먼저 꽃

당신이란 커다란 우주 가운데
나라는 작은 별이 떠올랐습니다
당신이란 다정한 풀잎 위로
나라는 사랑 꽃이 내려앉았습니다
스스로 어둠이 되고 잎을 마다 않는
당신의 아름답고 깊은 배려 때문에
나는 반짝이고 피어날 수밖에 없습니다
사람들은 알까요?
당신이 먼저 별이요 먼저 꽃임을

바람이 하는 일

사람들이 하늘하늘 떨어지는 꽃잎을 볼 때
나는 숨어 부는 바람을 보았다
사람들이 고요히 반짝이는 은물결을 볼 때
나는 숨어 흔들리는 바람을 보았다
사람들이 싱그럽게 손짓하는 잎새를 볼 때
나는 스쳐 지나가는 바람을 보았다

아
눈에 보이는 것은 보이지 않는
그 무엇으로 인해 아름다웠구나
보이지 않아도
바람은 혼자서도 마냥 아름다웠구나!

박하사탕

너 하나
내 속에 머금었다고
내 맘이 온통 환해
너 하나
내 눈에 들어왔다고
세상이 전부 환해
아마도
넌
나에게 박하사탕인가 봐

그네

왔다 갔다
흔들거리는 그네
종일 네 생각에
흔들리는 내 마음 같아
밀었다 당겼다
흔들거리는 그네
날 잡고 장난치는
얄궂은 네 마음 같아

초청

창문을 열어두니 바람이 놀러 왔다
커튼을 젖혀두니 햇살이 놀러 왔다
내 마음 열어두면 그대가 와 주려나

벚꽃 아래서

머리 위로 톡톡 그대가 피어나는 봄날
눈을 들어 한참을 바라보았지
그대 연분홍 웃음이 황홀한 시간
내 마음의 작은 뜨락엔
바람꽃잎 하늘하늘 흩날려 가고
눈물꽃잎 후두둑 떨어져 내리고
흩날리는 것이 떨어지는 것이
그대인지 꽃잎인지 알 수 없는 봄날
한참을 혼자 걷다 뒤돌아보니
어느새 따라 걸어온 그대라는 꽃
꽃에게 묻는다
그곳에도 나 피어나고 있는지

연애편지

시집을 펼치고 눈을 맞춥니다
그대에게 보내고픈
내 맘 찾아봅니다
모든 시가 내 맘입니다
사랑에 빠졌나 봅니다
끝끝내
사랑한단 말은 못 적고
고운 시 한 편 적어 봉투에 담았습니다

달팽이의 철학

난 거북이보다 느리답니다
거북이는 발이 있지만 내겐 없어요
그럼에도 난 무척 행복해요
느리다고 체념하는 것은 바보거든요
느리게 갈 때 더 많은 것을 볼 수 있어요
쉬엄쉬엄 세상 모든 곳이 놀이터지요
타이밍은 준비가 되어 있을 때 와요
시간을 누릴 줄 아는 내게 오리라 믿어요

윤슬

물결 위로 별이 떴다
낮에도 뜨는 별을 보았다
낮에도 그리워지는 너를 보았다

수섬에서

하얗게 흔들리는 뻘기가 지천이다
하늘과 맞닿아 지나가는 바람결에도
유년의 기억들이 살랑이는 곳
이곳에 서니 저절로 두 눈이 감기운다
밀물처럼 다가왔다 썰물처럼 밀려가는
아련한 기억의 잔상들
따가운 햇살 맞으며 뛰놀던 아이는
머리가 센 어른이 되어 이곳에 서 있다
가슴에도 바람이 불고 파도가 일어
한참을 하염없이 흔들거리며 일렁인다
더 머물고 싶다
시간을 거스르는 이 공간 속에
불그스레한 석양이 물들어갈 때까지
한참을 더 머물고 싶다

봄 안녕 봄

네가 주었던 많은 것들을 기억해
네가 와서 행복했어
살폿 웃는 날이 많았어
네가 와서 따뜻했어
맘에 볕이 드는 날이 많았어
네가 와서 황홀했어
눈에 담기조차 바쁜 색깔로의 초대였어
그렇지만 이제 널 보내려 해
스쳐 가는 것들은 잡지 않으려 해
사람도 사랑도 계절도
네가 가고 나면 왜 왔었는지도 알게 될 거야
봄 안녕 봄

어찌할까요?

어찌할까요?
마음에 흘러가고 있는 이 냇물을
너무 맑아서 마음속 훤히 들킬 것 같습니다
어찌할까요?
살갗에 스쳐 가는 이 바람을
살랑이는 바람에도 그만 쓰러질 것 같습니다
어찌할까요?
눈앞에 그려지고 있는 이 봄날의 정경을
연둣빛 잎새들이 바람에 흔들릴 때면
난 그만 미치도록 봄이 되고 싶습니다

담쟁이와 바보

지난겨울 너의 흔적을 보고는
죽음을 떠올렸어
볼품없이 거죽만 남기고 가는 것이
인생이다 생각했어
이번 봄 너의 모습을 보고는
생명을 떠올렸어
사라진 듯 해도 또다시 돋아나는 것이
인생이다 싶어
난 참 바보야
해마다 같은 생각을 되풀이하는
난 참 바보야

자화상

하얗게 핀 찔레꽃 덤불 위로
상처 입은 봄 나비 한 마리
나풀거리며 맴돈다
꽃머리에서 풍겨나는
하얀 기억으로의 초대
돌아갈 수 있다면
돌아갈 수 없기에
자꾸만 자꾸만 너의 곁
나풀거리며 맴돈다

꽃에게서 배운다

꽃들은
자기와 모양이 다르다고
따돌리지 않는다
제각각
자기만의 모양과 빛깔대로
한데 어우러져 더 아름다운
꽃밭을 이루어 갈 뿐이다

꽃밭과 아이

꽃밭에 앉아 꽃을 따는 아이
아이는 지금 추억을 따고 있다
한 손 가득 추억을 움켜쥐고
한 손으로는 먼 훗날 떠올릴
오늘의 기억을 꺾고 있다
그냥 내버려두어라
아이 마음에 꽃물 들 때까지
그냥 내버려두어라
가고픈 시간으로 추억되리니
그냥 내버려두어라
마냥 따수운 봄날이다

걷다가

걷다가 보았네
바람에 흔들리는 나뭇잎
걷다가 만났네
길가에 피어있는 민들레
걷다가 들었네
나무 위 노래하는 새소리
걷다가 말했네
사랑은 세상 속에 있구나

그대는

봄입니다
여기저기 수많은 꽃들이 피어납니다
곱습니다
제각각의 빛깔로 예쁘기만 합니다
향기롭습니다
눈을 감을 수밖에 없을 만큼 그윽합니다
생각합니다
꽃, 빛깔, 향기 속에 그대가 있습니다
모든 봄 속에 그대가 있습니다
세상에
그대를 이길 것은 아무것도 없습니다

사랑

라일락 향이 진동을 합니다
그대 맘도 내 생각으로 진동하기를
떨려오는 눈을 감고 빌어봅니다
가만히 피어있는 것도 진동하거늘
살아있는 내 마음이야 얼만큼일까요?

언제나 봄

분홍 꽃잎 따다 책 속에 숨겼다
노랑 꽃잎 따다 책 속에 숨겼다
분홍 봄 노랑 봄이 책 속에 숨어있다
나만 아는 책 속에 예쁘게 숨어있다
책 속에 봄이 피어났다
이젠 봄이 도망갈 수 없다
흰 눈 내리는 창가에 앉아서도
이젠 봄을 만나볼 수 있다

봄

미안해요
당신에게 눈길 줄 겨를이 없네요
봄이 너무 이뻐서
봄이 너무 좋아서
그러게 당신
봄보다 더 이쁘지 그랬어요?

괜스레

괜스레 봄이던가?
꽃 피어서 봄이어라
괜스레 봄이던가?
마음 설레어 봄이어라
괜스레 봄이던가?
그대 사무쳐 봄이어라

그대와 단둘이서

봄날 같아요
그대와 단둘이서 걷고 싶어요
내 얼굴에 핀 웃음꽃
그대에게 드립니다

봄날 같아요
그대와 단둘이서 걷고 싶어요
그대 얼굴에 핀 웃음꽃
내가 꺾어 올래요

봄날 같아요
그대와 단둘이서 걷고 싶어요
우리 얼굴에 핀 웃음꽃
예쁜 화병에 담아 놓을래요

2부.
여름, 파도로
일렁이는 그대

채송화

들로 나간 주인의 빈집을 지키며
함초로히 피어난 네 얼굴이 사랑옵다
장독대 아래 돌 틈 사이
댓돌 옆 돌 틈 사이
천진난만 비집고 피어난 채송화
하얀 검정 고무신 햇볕에 말라갈 때
주인 없는 마당엔 나비도 날아들고
꼬리 빨간 고추잠자리도 날아들어
분홍 하얀 노랑 여름이 한창이다

밤길

세상의 소리들이 자취를 감추었다
어둠이란 커다란 장막에 먹혀버린 걸까
화려한 꽃들의 빛깔은 숨어버렸지만
풀잎의 내음이 내 안으로 파고든다
캄캄함이 주는 차분하고 평안한 리듬
내 안에서 밤이 열렬히 노래하고 있다

한여름 밤에

한낮 이글거리던 불꽃 같은 태양도
어둠 앞에 두 손을 들고 흩어진 시간
바람도 햇볕에 익어 달콤해진 저녁
하늘엔 별꽃들이 한 송이씩 피어난다
금방 머리를 감은 소녀의 머리칼에선
마음을 흔드는 금단의 사과 향이 난다
이제야 바람도 별들도 피어나는 시간
내 속 상념들도 꽃으로 피어나는 시간

폭염

불타는 태양 빛에
나비의 날개가 찢어질까
걱정해 본다
땅 위의 모든 것들이
불볕을 견뎌내느라
저마다의 호흡이 가쁘다

해바라기사랑

하늘에서 떨어진 수만 개의 태양
땅에서 피어나는 수만 개의 사랑
눈부신 그대를 사랑하는 것은
눈이 멀게 되는 절망을 피워내는 일
가까이 가지 못함이 형벌이라도
눈먼 바라봄으로 피어나고 있어요

여름하늘

심연이 하늘에 걸렸습니다
그대와 나 사이에 놓인 깊은 간격
그대라는 깊은 갈망 속으로 추락한 나
영원이라는 밧줄 하나 던져준다면
온 힘을 다해 이 깊음을 건너가겠습니다

번개

하늘을 쩍 가르는 소리
프로메테우스*의 절규
잃어버린 불을 찾기 위한
처절한 몸부림
번뜩이는 순간 날아드는
심장을 노리는 독수리 떼
살아있음을 증명하려는
하늘과 지상 사이 불꽃 파열

---

*프로메테우스: 그리스 신화에 나오는 티탄족의 영웅. 인간에게 불을 훔쳐다 주어 인간에게는 문화를 준 은인이 되었으나, 그로 인하여 제우스의 노여움을 사 코카서스의 바위에 묶여 독수리에게 간을 쪼이는 고통을 받았다고 한다.

그 집 앞 봉숭아

그 아이 집 돌담 벽을 따라
줄지어 피어나던 봉숭아
봉숭아 따다 보면 그 아이 집 대문 앞
이름은 부르지 못하고
꽃만 따다 돌아온다
하얀꽃 자주꽃 빨간꽃 분홍꽃
그 아이 생각으로 물드는
내 볼 색깔 내 맘 색깔
톡톡 따서 손바닥 위에 올려놓고
손톱에 물들여질 그 아이 생각한다

노을사랑

먼바다 끝으로 눈 부시게 해가 가라앉고
하늘이 허락한 적막이 파도를 잠재울 때
나도 그대에게 가서 황홀하게 물들고 싶어요

들꽃연가

오늘은 하루 해가 길었습니다
불쑥불쑥 그대 보고 싶은 마음
들꽃으로 피어나 흔들립니다
오늘은 하루 해가 길었습니다
문득문득 그대 생각나는 마음
들꽃으로 피어나 휘청입니다
타오르는 한여름의 태양빛도
그대 사랑인 양 뜨겁게 안겨 와
산그늘 찾아 도망가지 못하고
땡볕 속에 오래 서 있었습니다

포말

바다가 토해낸 사랑이야기
쓸쓸히 모래 위를 서성인다
넓은 바다도 담아내지 못한
물거품이 될 기억의 일렁임
생명을 다한 우리의 사랑이
쓸쓸히 모래 위에 나뒹군다

아이스 아메리카노 연인

무색무취인 그대의 맘속으로
나만의 색깔과 향기를 가지고
그대 속으로 가만히 퍼져갑니다
그대에게 천천히 스며들면서
잔잔히 피어나는 꽃을 봅니다
색과 향을 잘 낼 수 있었음은
그대가 투명했기 때문입니다
그래서 하나 될 수 있었습니다
우리의 사랑은 여름 안에서
차가움 속 겁 없이 더 뜨겁습니다

꽃그늘

꽃그늘
꽃과 햇살이
열렬히 사랑하고 있다는
그들만의 흔적

개망초

보는 이의 마음결에 따라
잡초가 되기도 하고
들꽃이 되기도 하는 너
마냥 널 사랑하는 내 눈엔
하얀 면사포에 수줍게 웃는
한여름의 신부 같아
초야의 밤을 밝혀줄
노오란 둥근 달이
오늘은 함초로히
네 얼굴에 떠 있구나

빗방울

하늘에서 떨어지는
수많은 상념들
땅에 떨어지면
깨져서 아픔이 되고
풀잎에 떨어지면
또르륵 눈물이 되고
물 위에 떨어지면
동그란 파장되어
커져만 가는 그리움

심쿵

'쿵' 하고 떨어지는 소리
이 얼마나
행복한 소리냐
떨어진 것이
심장이냐 마음이냐
주워서 보니
찾아든 사랑이더라

항해

파란 물결이 일렁이는 푸른 바다 위를
나 홀로 잠 못 이루고 떠다니는 날엔
그대 내게 조각배 되어 찾아와 주세요
그대 어깨에 이마를 대고 고개 숙이면
내 긴 머리칼을 가만히 어루만져주세요
그대만이 위로가 되는 삶의 바다 위에서
한참을 그대 품속에 안겨 쉬고 싶습니다

꿈결 같아서

오늘따라 노을이 붉습니다
붉은 장미를 닮았습니다
난 창이 큰 카페에 앉아
노을과 장미와 그대를 생각합니다
지금 이대로 영원히 잠들 수 있다면
장미꽃 한아름 안고 서 있을 그대를
꿈결에서 만날 것만 같습니다
붉어진 하늘가 어디론지 달려가
그대에게 안기고 싶습니다
그대 품 안에서 깨고 싶지 않습니다

노을연가

철없던 파란 하늘이
맘껏
청춘을 불태우고 간 자리
빠알간 노을 한자락
홍시처럼 붉게
익어만 간다

하루

삶이 나에게
매일 행복이란 선물을 주는 것은 아니다
감미롭고 달콤한 인생이면 좋으련만
쓸쓸하고 공허한 인생이기도 하다
그럼에도 삶은 선물이다
아침이면 여전히 해가 떠오르고
세상의 시계는 멈추지 않는다
달콤쓸쓸한 삶일지라도
여전한 세상의 시계 앞에
용기 있게 매일 내 삶에 로그인

빗소리 2

빗소리
지상에 울려 퍼지는
가장
아름다운 난타

소나기

그대 생각하며 걸었더니
정신 차리라며
갑자기
소나기가 여기저기 때려댄다
기억이 아프다

기다림

마음에 바닷가 언저리 나무 한 그루
파도는 종일 가슴속을 쓸고 치는데
그리운 단 한 사람 오질 않는다
그대 없이는
해가 뜨는 것도 지는 것도 힘겨운 일
난 언제까지 여기에 서 있어야 하나
기다림 하늘에 닿아 노을 되려 한다

배려

달아오른 태양을 막을 길이 없다
길가 가녀린 여름꽃이
땅을 위해 꽃그늘을 만들어 준다

3부. 가을, 갈대로 흔들리는 그대

가을마중

그대가 가을이 되어 오신다면
들판에 바람을 풀어 놓겠습니다
그대 가고 싶은 곳 어디든지 데려가라고
들판의 바람에게 속삭여 두겠습니다
그대가 가을이 되어 오신다면
하늘에 바다를 풀어 놓겠습니다
그대 가고 싶은 곳 어디든지 노 저어 가라고
파아란 물결에게 속삭여 두겠습니다
가을은 그대를 맞이하고 놓아주는 일
그대가 데려온 풍요 속에서 쓸쓸해지는 일
그래도 그대가 가을이 되어 오신다면
그대 오는 길목에서 초연히 기다리겠습니다

가을 앞에서

사랑하기에 좋은 계절 앞에 섰습니다
우린 또 얼마나 서로에게 물들어 갈까요?
밤새 애탐으로 뒤척이던 몸짓은
어느 잎새에 곱게 내려앉아 멍이 들까요?

이별하기에 좋은 계절 앞에 섰습니다
우린 또 얼마나 서로에게 눈물이 될까요?
끝내 그리움으로 남을 시간들은
어느 강가 갈대에 기대어 울고 있을까요?

가을 발자국

깊어가나 봐요 이 밤이
다가오나 봐요 가을이
찌르륵 찌르륵 풀벌레 울음소리
깊어가고 다가오는 가을 발자국

사실

모든 것은 변한다
바람의 방향도
구름의 모양도
노을의 색깔도
하물며
사람의 마음까지도
사랑은 변하지 않는다고
우기지 마라
모든 것은 변한다

가을

약국 앞에 자줏빛 천일홍이 피었다
가을이 오려나 보다
또 그대가
마음속 빈방에 찾아오려나 보다

고향서정

풀벌레 소리가 어둠을 초대한 시간
파도치듯 보드라운 바람이 불어와
살갗에 와 부딪히곤 꿈처럼 사라진다
사라짐으로 더 풍요로워지는 놀라운 기적
깜깜한 밤하늘엔
하나
두울
보석 같은 별들이 박히고
도시를 방황하던 회색빛 나의 영혼도
향기로운 꽃으로 피어나려 흔들리는 밤

가을아

가을아 가을아
어디만치 오고 있니
너 내리는 역 알려주면
마중 나가고 싶은 오늘이야
여름이 사춘기에 접어들었나 봐
먹구름 끼었다가
소낙비 내렸다가
바람으로 몰아쳤다가
해가 또 빼꼼했다가
날 너무 힘들게 해
가을아 가을아
환승 하지 말고 빨리 와줘
너 내리는 역에서
보랏빛 꽃으로 흔들리고 있을게

환상

파아란 하늘 사이를 쪼개고
구름 틈 그대 모습 손짓하기에
겹겹 마음 꽃 활짝 열어젖히고
그대 향해 줄기 뻗어 날아오릅니다

바람은 모른다

바람이 꽃에게 묻는다
넌 왜 그리 종일 흔들리니?
꽃이 바람에게 말한다
네가 날 흔들고 있는 걸 모르겠니?
바람은 모른다
지나가면 그만이다

기억

사람은
기억 속에서 잊혀질 때
영원히 죽는 것
오래도 머물렀지만
넌 이제 죽었다
너의 빈 무덤에
하얀 국화 한 송이
우리 기억의 무덤에
지나가는 바람 한 줄기
흩어져버릴 구름 한 조각

공존

꽃그늘
꽃과 그늘의
그 아름다운 공존

아침햇살
조용함과 투명함의
그 쓸쓸한 공존

나 그리고 그대
가깝고도 머언
그 평행한 공존

나만의 숲

자전거를 타고 작은 숲길을 달립니다
산들바람에 셔츠가 날아갈 듯합니다
세상의 시간들을 등 뒤로 날려 보냅니다
숲이 내어주는 초록한 내음의 방울들
페달을 밟은 채 눈이 감겨옵니다
나는 금방이라도 물고기가 되어
바람 속을 유영할 것 같습니다
영혼을 덮고 있던 회색빛 비늘들이
사막의 모래알처럼 부서져 날립니다
다시 돌아가지 않으리 사람들의 숲으로

기차를 타고

불쑥 기차를 타고
떠나고 싶다
배낭 하나 메고
모자 깊숙이 눌러 쓰고
창가 좌석에 앉아
오늘로부터 멀어지고 싶다
탈탈 털려 휑한 마음을 데리고
낯선 정거장에 내려보고 싶다
행여 거기 나와 같은 사람
초저녁 바람처럼 서성이고 있다면
노을 닮은 국화차 사이에 두고
저무는 햇살처럼 웃고 싶다

사랑은 달처럼

보이지 않는다고 널 잊은 적 없어
낮에도 숨어 바라보는 너인 걸 알아
보이는 것에 집착하는 바보들의 사랑
소중한 것은 눈에 잘 보이지 않아
보고 있어 알고 있어
네 사랑을 깎아가며 나에게 준다는 걸
네 사랑을 채워가며 온전해진다는 걸
내 걸음에 맞춰 가만가만 따라와 주고
내 그림자까지 사랑해주는 너인 걸 알아
그런 널 볼 때마다
내 맘엔 가만히 네가 떠올라

사랑은 달처럼 2

차갑게 예쁜 그대를
어찌 사랑치 않을 수 있을까요?
가슴속에 따뜻하게 품고 싶지만
그대 있는 곳 닿을 수 없기에
오늘도 바라만 보다 돌아갑니다

차갑게 예쁜 그대가
밤새껏 나의 창을 들여다보네요
누워도 그대 생각 떠나지 않기에
창가로 다가가 문을 열어봅니다
그대도 나도 말이 없습니다

너도

너도 한번 해봐
나 때문에 잠 못 자고
나 때문에 밥 못 먹고
나 때문에 일 못 하고
진종일 내 생각으로 아파 봐
난 말이야
네가 나 때문에
괜찮지 않았으면 좋겠어
너도 한번 해봐
예전의 나처럼

낯설음

낯선 사람과의 만남
그 묘한 떨림
낯선 곳에서의 공기
그 묘한 뚫림
낯선 잠자리
그 묘한 잠 못 이룸
낯설음이 주는 선물
가끔은 삶의
이방인이 되어도
좋지 않을까

작별인사

가을비가 지나간 자리
낙엽들이 길 위에 달라붙어
안간힘을 쓴다
쌀쌀맞은 바람이 떠나가라고
얄궂은 짓을 해대도
찰싹 달라붙어 꼼짝 않는다
그렇게
가을은 내 곁에 머물고 싶은가 보다
작별인사 하기 싫어
얼굴을 땅에 대고 들질 않는다

사랑해

세상에서 가장 어리석은 일은
사랑한다는 말을 아끼는 일입니다
꽃처럼 피어날 그 말을 하지 못해
꽃피는 계절마다
그리워한 적이 몇 날이던가요?
세상에서 가장 어리석은 일은
사랑한다는 말을 감추는 일입니다
사랑비로 내릴 그 말을 하지 못해
내리는 비를 보며
마음 적신 날이 몇 날이던가요?
꽃이 되고 사랑비로 내릴
그 말
사랑해 사랑해 사랑해
이젠 아끼지 말고 감추지 말아요

가을단상

어디 하나 예쁘지 않은 곳이 없습니다
어떤 언어로도 표현 못 할 빛깔로
가을꽃은 여기저기 찬찬히도 피어납니다
처연했던 더위에도 살아남은 마지막 잎새들이
자기만의 색깔 옷으로 갈아입으려 합니다
저만치 도망가버린 하늘 때문에
그리움의 거리는
닿지 못할 애탐으로 높아져 갑니다
해 질 무렵 석양 앞에 서면
노을빛 가슴속 물들여지고
목석인 냥 울컥이며 그 앞에 서 있게 됩니다
풀잎들도 밤새 울었는지 잎줄기마다
눈물 매달고 아침을 맞습니다
담쟁이 옆을 걸을 때면 타지도 않은
낙엽 냄새가 나는 듯합니다
이 모든 것들이 다 사라져버릴 존재임을 알기에
가을은 참 사람을 하염없게 만듭니다
이 쓸쓸한 감정들
가을볕에 널어 말려버렸음 좋겠습니다

가을햇살

우리
가을햇살 아래서
만나지 말자
너무
투명해서
내 속맘 다
들킬 것 같거든

가을풍경

파란 도화지 너무 커서
흰 구름 색칠하다 말고
도망가 버린 가을이란 녀석
바람이 뒤쫓아 가다가
날씬한 코스모스에 반해
살랑살랑
둘이서 종일 놀고 있다

밉다

가을이란 녀석은 밉다
흔들 대로 흔들어 놓고
저 혼자만 말짱하다

높아진 하늘

날 놓아주랬다고
그렇게
멀리
달아나면 어떡해
이젠
정말
바라볼 수밖에 없잖아

갈대

나뭇가지들도 옷을 벗어 던진
진실의 시간
가슴으로 아침이 통과하기 전
하늘이 저 멀리 도망가기 전
꺾이지 못한 마음 한줄기
가느다란 몸으로 감싸 안은 채
새벽 속에 서 있는
너란 갈대

가을하늘

넌 물구나무선 바다
아련한 기억의 저편에서
그리움이 이만치 노 저어 온다

넌 파도로 물들인 파란 편지지
가슴 속 언어들이 속속들이 살아나
첨벙첨벙 바다로 뛰어든다

거기 그대로 있으라
와 하고 널 향해 입을 벌리면
파아란 하늘생수 한 모금 마실 수 있게

4부.
겨울, 첫눈으로
내리는 그대

달에게서 배운다

달을 보고 배운다
덜어 주고
깎아 주고
나누어 주면
또다시
가득 채워짐을

자아

파도는 날마다
암벽에 자신을 쳐가며
쉬이 꺾이지 않는 자아를
바다에 굴복시킨다

비의 투신

빗방울이 투신한다
맨땅으로 떨어져 내린다
바닥을 치고 깨지는 산산함
통증으로 아파하는 자리를
자동차 바퀴가 밀고 지나간다

꽃을 사는 날엔

외로워서
꽃을 샀다
나처럼 외로워할
다른 누군가를 위해
때론
"사랑해"라는 말보다
"이해해"라는 말이
"이해해"라는 말보다
한번 꼬~옥
안아주는 것이
맘에 꽃을 피우는 일이다

너의 별

길을 잃고 헤맬 때면
하늘을 올려다봐
내가 너의 별이 되어줄게
늘 그곳에서 반짝일게
언제나
한 자리에서 반짝이는
너에게 난 북극성이야

산

외롭다고 바다에게 소리쳤더니
파도가 와서 철썩 뺨을 때리고 간다
외롭다고 산에게 소리쳤더니
산은 아무 말이 없다
산은
산은
산 자신이 커다란 고독인 것이다

섬

섬 같은 하루를 보내고
섬이 되어버린
내 그림자를 보며
집으로 돌아오는 길
인간이 사는 땅으로
비워야 할 모든 것들을
실어 보내고 나니
내게 남은 건 절대고독
이런 날엔 눈물마저 짜다
이런 날엔
눈물마저 엉켜 떨어지지 않는다

너란 꽃

너란 꽃
가슴속에
피어날까 봐
내 마음 텃밭
통째로
갈아 엎어버렸다

너란 꽃 2

이 꽃도 너
저 꽃도 너
높은 가지에 달린 꽃도 너
낮은 땅 풀꽃도 너
세상 모든 꽃은
결국 내 안에 숨은 너였구나

사랑이 그래

아주 많이 사랑했음에도
곁에는 다른 한 사람이 있어
사랑이 그래
그때 만났더라면 좋았을걸
지금 우린 그냥 남이야
사랑이 그래
버리지도 다가서지도 못하고
어쭙잖게 추억하는 것
사랑이 그래
그렇게 평행선을 달리다
영영 종착역이 달라지는 깃
사랑이 그래

작은 위로

햇살이 등을 토닥여 주네요
그래서 창가를 사랑합니다
바람이 볼을 어루만져 주네요
그래서 걷는 것을 좋아합니다
그대가 놓치고 있는 작은 위로를
햇살과 바람은 알고 있습니다

노을에 관하여

일출보다는 일몰을 사랑한다
떠오르는 해는 만남 같지만
저물어가는 해는 이별 같다
헤어짐이 어디 그리 쉽던가
밉다고 돌아서기엔
넌 너무 황홀하게 이쁘다

그대는 왜

바깥은 겨울인데
오늘따라 맘속에선 봄이 한창이네요
개나리도 피어나고 진달래도 피어나고
불쑥불쑥 그대도 피어나고요
바깥은 겨울인데
오늘따라 맘속에선 봄이 한창이네요
이슬비도 내리고 꽃비도 내리고
자꾸자꾸 그대도 사랑비로 내리네요
그대는 왜
꽃속에 빗속에 바람속에 숨어있는 걸까요
그대는 왜

여백

손톱 달을 좋아한다
채워지지 않는 여백을 사랑함이라
사랑도 그렇다
이루지 못한 사랑이 그립지 아니하던가

눈길

눈길 조심하세요
미끄러질 수 있습니다
눈~길 조심하세요
빠지면
헤어나기 힘들 수 있습니다

겨울 산

눈 덮인 겨울 산
내 부모님 무덤 자리
하얀 눈 이불 삼아 누워 계신 곳
뜨거운 눈물 무덤가에 떨어질까 봐
그 눈물 온 산 눈 다 녹여 버릴까 봐
고개 들어 떨어지려는 눈물
도로 넣어버렸다

겨울아이

난 겨울아이다
눈이라도 내리면 모를까
쓸쓸하지도 그리운 것도 없다
마음이 가장 고요한 계절이다
차가운 바람 가운데 서면
살아있는 느낌이 든다
침묵 속으로 흐르고 있는
숨겨진 생명력이 좋다
세상은 춥지만
난로 하나 가슴에 품고 산다
눈이 호사를 누리는 계절은
맘이 힘들어진다
겨울은 내가 나를 꼭 안고 있으니
나를 사랑하기에 참 좋은 계절이다

눈 나리는 날에

잊자 했다가
여지없이 생각나는 사람
나리는 눈 속에 같이 나리는 사람
하염없이 기억 속을 걷게 하다가
눈떠보면 어느새 사라진 사람
그대 기억 속의 나도
하염없이 그대를 걷게 하다가
눈떠보면 가버리고 없던가요
어차피 녹아버릴 사랑
눈 나릴 때 실컷 생각하렵니다

사모

꽃비 나리는 날에도
소낙비 퍼붓는 날에도
가을비 흩어지는 날에도
겨울비 적시는 날에도
그대를 잊은 적이 없습니다
사시사철 가슴속에 흐르는
그대를 멈춘 적이 없습니다

아마도

시를 쓰는 날은
네가 그리운 날이더라
아마도 난
평생 시를 쓰게 될 것 같아

나목

겨울 들판에 서 있는 나무를 보라
잎새 한 자락 걸치지 않고도
긴 밤을 홀로 새우고 아침을 맞는다
겨울 찬바람이 온몸을 휘감아 돌아도
소리 내어 우는 것은 바람일 뿐
끝내 나무는 울지 않는다
그러니 나무를 보고 배워라
보이지 않는 땅속에 뿌리가 살아있음을
언 땅에서 꿈을 품고 서 있는 나목의 몸짓을
어느 아침 눈을 뜨면 아름찬 싹이 돋아나
생명의 몸짓으로 노래하고 있으리니

텀블러

겉으로 보기엔
차갑습니다
그러나
속은 사랑의 온기로
가득입니다
당신 마음 추울 때면
내 온기 가득 따라드세요

커피잔

가끔은
나도
커피잔이 되고 싶다
그대 두 손 안에 쏘옥 들어가
그대 안에 나만이 전부인 세상에서
따뜻하게 안겨 살아가고 싶다
그대 향기 취해 살아가고 싶다

너

한 사람 때문에 천국
한 사람 때문에 지옥
너란 사람은 중간이 없다

5부. 그대, 노을로 물드는 그대

그대 안에서의 자유

내 안에 숨어있는 수많은 언어들을
깨우고 꽃피울 일은 그대의 몫입니다
그대에게 난 푸른 바다입니다
그대가 깊은 곳에 그물을 던져준다면
퍼덕거리는 사랑의 언어들을 건질 거에요
그대를 기다리며 잠잠히 유영하고 있는
나만의 바다에 힘껏 그물을 던져주세요
기꺼이 그대 그물에 잡혀 퍼덕이겠습니다
그대 안에서만 나는 자유롭기 때문이에요

문을 열어둔 까닭

누군가 기다리는 사람이 있나 봅니다
당신이 열어놓은 문이 나에게는 보입니다
그 사람이 누구인지 궁금해집니다
괜스레 질투도 납니다
그 사람은 영영 오지 않으리라는 것을 압니다
나도 문 하나 열어두고 살고 있습니다
오지 않을 것을 알면서도 열어 두는 문입니다
그리움이나 들락거리라고 열어 둔 문입니다

노을을 기다리며

노을을 기다리며 카페 창가에 앉아있다
윤슬이 내려앉은 물결 위를 유영하는 갈매기들
저 멀리 시간을 돌리면서 서 있는 바람개비들
오렌지빛으로 서서히 물들어가는 작은 섬들
그 섬 그늘이 나지막이 아름답다
인간이 설 수 있는 땅은 여기 없다
이 아름다운 고요를 잡기 위해
하늘이 커다란 장막을 친 채 덮고 있다

사랑이란

사랑이란 돌멩이 하나 집어 들어
높은 하늘 향해 던져 봅니다
그대 맘까지 가지 못하고
이내 떨어지고 맙니다
아파하며 땅에서 뒹구는 사랑
사랑이란 돌멩이 하나 집어 들어
고요한 강물 위에 던져 봅니다
강물 속에 비친 하늘 위로 떨어집니다
그대 맘까지 닿으려나 봅니다
사랑이란 보이지 않는 깊은 곳에
고요히 숨어있다는 것을
강물에 비친 하늘을 보고 깨닫습니다

그대는 내게

문득 그대가 없는 세상을
생각해 보았습니다
생각만으로도 지구 한 귀퉁이가
떨어져 나간 것만 같았습니다
그대의 웃음소리 하나
그대의 웃는 모습 하나
그대가 들려주는 목소리 하나
그대가 머무는 곳 그 어디 하나
그저 당신이어서 참 좋았습니다
그대는 내게 지구의 한 귀퉁이었습니다
그대가 있다는 이유만으로 나는
한여름의 초록한 나무가 되고
곤한 날개를 접고 꽃잎에 머무는
나비가 됩니다

바람 속에서

길을 걷다 널 만났다
극한의 부드러움에 걸음을 멈춘다
온 살갗을 스쳐 도는 너의 인사에
하마터면 울 뻔했다
감겨오는 눈을 뜨고 다시 걸었다
너에게로 다시 걸어가고 있다
네가 데려온 기억 속으로
감겨 들어가는 내 발걸음

당신은

당신은 내게 물살 같은 사람입니다
모난 내 모습 둥글게 빚어주는
찰랑 찰랑이는 물살입니다
그러다 저 혼자 가버리고 마는 사람
흐르는 당신을 붙잡을 수 없습니다
당신은 내게 세월 같은 사람입니다
모난 내 마음 둥글게 빚어주는
토닥 토닥이는 세월입니다
그러다 저 혼자 가버리고 마는 사람
흐르는 당신을 붙잡을 수 없습니다

네 마음

잔잔한 척 하지 마
작은 돌멩이 하나에도
파장으로 일렁이는
너인 걸 다 알아

기다림

마음속
바닷가 언저리 나무 한 그루
파도는 종일 마음을 쓸고 치는데
그리운 단 한 사람 오질 않는다
그대 없이는
해가 뜨고 지는 일도 힘겨운 일
난 언제까지 여기 서 있어야 하나
기다림 하늘에 닿아 노을 되려 한다

행복

바람에서도 종소리가 나는 걸까?
꼬리 긴 고양이 창문가에 앉아
귀를 쫑긋 밖을 내다보고 있다
초록한 잎새들이 바람에 흔들리고
새하얀 커튼이 바람에 살랑거릴 때
햇살이 놀러 와 책상 위에 앉았다
랑겔한스섬*이 아니어도 좋다
고양이와 바람과 햇살이 있으니
나도 하루키**의 행복을 가진 셈이다

---

*랑겔한스섬: 췌장(이자) 내에 섬 모양으로 산재하는 내분비세포군으로, 무라카미 하루키의 수필「랑겔한스섬의 오후」에서 하루키는 생물책에 나오는 개구리의 랑겔한스섬을 통해 여유로운 봄날의 오후를 그려 냈다.

**하루키: 무라카미 하루키, 일본의 소설가로 요미우리 문학상(1996), 프란츠 카프카 상(2006), 세계환상문학대상(2006), 예루살렘 상(2009) 등을 많은 문학상을 수상했다.

욕심

그대에게
나
여전히
예쁜 사람으로
기억되길
욕심 내 봐요

욕망한다

넘어가지 말아야 함을 이미 알고 있었다
정녕 죽으리란 것도 이미 알고 있었다
손으로 받아 베어 먹은 선명한 이빨 자국
두려운 목 넘김 끝에 맛보는 달콤한 천국
신은 나를 속였다
욕망하게 지어놓고 죗값을 물으려 한다
탐욕함을 불어넣고 신처럼 살라 한다

그대 안에서라면

멀리서 홀로 피고 홀로 지는 사람아
그대 맘속에 나 여직 피어있거든
꺾지 말고 그대 안에 살게 해주세요
피고 지는 일도 그대 안에서라면
내게 온 세상인 그대 안에서라면
아픔도 설움도 없이 좋을 것만 같아요

집시의 사랑

집시의 여인이 되는 꿈을 꾸어요
나는 당신만의 흩어진 붉은 꽃잎들
먹구름이 몰려와도 두려움은 없죠
야생의 풀들이 바람결에 흔들릴 때
그대 숨결 따라 나도 흔들리겠어요
풀잎들이 누울 때면 나도 그대 곁에
붉은 꽃잎처럼 안겨 눈을 감을게요

이유

넌 잘 생기지 않았어
넌 키도 크지 않아
그런 네가 왜 좋은 걸까?
생각해봤어
네 목소리가 내겐 봄날 같아
네 웃음소리가 내겐 구름 같아

바보 같은 말

잘 지내고 있다는 말은
어찌어찌 견디고 있다는 말
괜찮다라는 말은
사실 어렵다는 말
나중에 연락할게라는 말은
마지막일지도 모른다는 말
바보야
보고 싶지 않았냐고 묻지 말고
보고 싶었다고 먼저 말을 해

노을이고 싶어요

나는요 나는요
꽃 말고 노을이고 싶어요
후두둑 후두둑 저버리는 꽃 말고
그대 마음 언저리에 찬찬히 피어나는
붉은 한 송이 저녁노을이고 싶어요
꼼짝없이 그대 발길 붙들어 놓고
하염없이 그대 마음 물들게 하는
다함 없는 그대의 사랑이고 싶어요
그렇게 서로를 마주하다
가만히 마음 말고 눈으로만
저녁하늘에 그댈 놓아주고 싶어요

그대라는 시

그대는 누구일까요?
꽃으로도 오고
바람으로도 오고
눈과 비로도 오는 그대
내게 있어 그대의 이름은
'그대라는 시'입니다

그대는 누구일까요?
피었다가 지고
흔들리다 멈춰서고
그리움과 눈물로도 내리는 그대
내게 있어 그대의 이름은
'그대라는 시'입니다

나는 시만 쓰고
또 쓰겠습니다
그대가
나의 시이기 때문입니다

때론 영화처럼

지붕 덮인 다리 밑에 써놓은 편지를 읽거든
흰 나방이 날갯짓할 때 내게로 와주세요
식탁 위에는 두 개의 촛불을 밝혀 두겠어요

오래된 음악이 라디오에서 흘러나올 때면
그대 어깨 위에 내 손을 가만 올려놓을게요
나의 손을 잡은 채 허리에 팔을 둘러주세요

그대를 위해 입은 물방울무늬의 원피스가
나비의 날개처럼 촛불 사이로 일렁일 땐
오직 사랑을 위해 여기 있다고 말해주세요

혼자 피는 꽃

아무도 없는 모래사막에
나란 꽃이 살고 있다
가끔씩 낯선 이들이 찾아와
발자국을 남기고 가지만
모래바람이 지나간 후엔
그들의 자취는 흔적도 없다
다 그랬다
그래서 나란 꽃은
의존이란 감정을
모래더미에 묻어버렸다
혼자 피는 꽃은 붉다

윤슬 반짝이던 날

햇살이 내려와
물결과 가만히 입 맞추던 날
물결은 파르르 떨고 있었네
눈이 부시도록 반짝이는 그대 앞에
물결은 그만 두 눈을 감을 수밖에
바람이 조심스레 일렁여주자 시작되는
둘만의 황홀한 향연
햇살이 내려와
물결과 가만히 입 맞추던 날
사방이 고요 위에 걸려 눈을 감았네

화려한 기도

마음이 가난한 날엔
여린 햇살에도 날이 있어
가슴이 베인다
마음이 가난한 날엔
작은 바람에도 힘이 있어
온몸이 휘청인다
텅 비어버린 마음의 방으로
가을이라도 찾아들면
얼마나 베이고 휘청여야 할까
곱게 물들 찬란한 잎새처럼
가을에 물들어 여물어지길
부디

나는 시만 쓰고

또 쓰겠습니다

그대가

나의 시이기 때문입니다

그대라는 시

장정선 지음

초판 1쇄 발행 | 2025년 10월 30일

발 행 처 | 세화미디어
발 행 인 | 방세화
등   록 | 2013년 1월 4일(제315-2013-004호)
주   소 | 서울특별시 강서구 양천로7길15 시원빌딩 2층
전   화 | 0507-1394-9593
팩   스 | 02-6280-4124
전자우편 | bang9592@naver.com

ISBN | 978-89-98819-05-7 (03810)

이 책의 구성, 맞춤법, 띄어쓰기는 작가의 의도에 따랐습니다.
이 책은 저작권법에 따라 보호받는 저작물이므로 무단 전재 및 무단 복제를 금합니다. 이 책의 내용을 재사용할 경우 저작권자와 도서출판 세화미디어 모두의 동의를 얻어야 합니다.